सही कैरियर मार्गदर्शन

एक सफल ज़िन्दगी की शुरुआत

विनयपाल टण्डन

इतने शक्तिशाली बनिए कि आप अपने और अपने परिवार के हितों की रक्षा कर सकें |

यदि आप अपने जिद्द पर अड़ जाएँ और ठान लें तो दुनिया की कोई ऐसी ताकत नहीं है जो आपको सफल और समृद्ध होने से रोक सके |

सही कैरियर मार्गदर्शन बेहद प्रैक्टिकल है क्योंकि जिंदगी थ्योरी से नहीं चलती, इसलिए क्रान्तिकारी सिद्धांत पर आधारित इस कृति "सही कैरियर मार्गदर्शन" की मदद से अपने सफल जिंदगी की शुरुआत करें |

पिता श्री गंगाराम टण्डन व माता श्रीमती गीता टण्डन के आशीर्वाद से एवं उन तमाम गुरुओं (जिनसे मुझे बहुत कुछ सीखने को मिला) की कृपा से इस कृति की शुभारंभ की गई है|

पूज्य स्वर्गीय दादाजी श्री पंचराम टण्डन व पूज्य स्वर्गीय दादीजी श्रीमती नाँदबाई टण्डन के चरणों में यह कृति समर्पित है |

- विनयपाल टण्डन

क्रम-सूची

शपथ ग्रहण

मैं (यहाँ पर अपना परिचय लिखें)

.... • vii • ....

शपथ लेता हूँ कि इस कृति को पढ़ते हुए मैं अपने मस्तिष्क को खुला रखूँगा व नए विचारों को प्रवेश करने दूँगा | मैं हर प्रकार की बहानेबाजी व प्रतिरोधात्मक सोच से दूर रहूँगा और स्वयं की पूरी जिम्मेदारी लूँगा | मैं संदेह या अविश्वास के बिना, अपनी सर्वश्रेष्ठ योग्यता से, इस कृति में विभिन्न स्थानों पर अपने विचारों को व्यक्त करूँगा | पढ़ने के दौरान स्वयं के द्वारा लिए गए निर्णय पर तुरंत अमल करते हुए सफल जिंदगी की शुरुआत करूँगा |

हस्ताक्षर

भूमिका

मेरा नाम विनयपाल टण्डन है | मेरे पिताजी का नाम श्री गंगाराम टण्डन व माताजी का नाम श्रीमती गीता टण्डन है | मेरा जन्मतिथि 17/02/1998 है | मैं छत्तीसगढ़ राज्य के जांजगीर चाम्पा जिले के बिलारी गाँव का मूलनिवासी हूँ | मैं जिज्ञासु हूँ जो हमेशा अपने ज्ञान को बढ़ाने में रूचि रखता हूँ एवं बढ़ाते हुए ज्ञान के बदौलत ही मैं सीखेगा स्टूडेंट फाउंडेशन का शुभारंभ किया हूँ |

मैं 12 साल की उम्र से ही अपने पाठ्य पुस्तक में से सामान्य ज्ञान खोज कर अलग से कॉपी में लिखना प्रारंभ कर दिया था, फिर घर वालों से जिद करने लगा कि मैं अपना पुस्तक बनाऊंगा लेकिन उस समय घर वाले बोले कि उम्र बहुत बड़ी है अभी सिर्फ पढ़ाई करो | फिर भी मैं बात नहीं माना और अपने खर्च से बचाए गए पैसों से और कुछ लोगों के मदद से अपने गाँव में पुस्तकीय सामान्य ज्ञान प्रतियोगिता आयोजित करता था जिसे आगे बढ़ाते बढ़ाते 5 साल तक चलाया | फिर मैं उच्च शिक्षा इंजीनियरिंग के लिए चला गया और वहीं से फिर समय का सही उपयोग करना सीखा और कुछ नया से भी नया सीखने में लग गया और इसी ज्ञान के बदौलत ही आज अपना सीखेगा स्टूडेंट फाउंडेशन चला रहा हूँ ताकि मैं नई पीढ़ी को बदलते दौर के साथ सही मार्गदर्शन दे सकूँ ताकि वे अपने सफल जिंदगी की शुरुआत कर सके |

आपमें कितनी भी काबिलियत क्यों न हो, अगर आप सही समय पर और सही जगह पर प्रदर्शित नहीं कर पाए तो आपका काबिलियत किसी काम का नहीं होता इसलिए हमेशा सीखते रहिये और सही एक्शन लेते रहिये ताकि सही समय पर और सही जगह पर अपनी काबिलियत प्रदर्शित कर सको और सफल ज़िन्दगी की शुरुआत कर सको |

दुनिया के इतिहास में पहली बार 21वीं सदी में ऐसा अवसर आया है जिसमें आप इंटरनेट की सहायता से हर एक चीज सीख सकते हैं जो भी आप सीखना चाहते हैं, बस आपमें सीखने का जूनून होना चाहिए क्योंकि एक ही चीज को सिखाने के लिए आपको हजारों शिक्षक मिल सकता है बस आपमें सीखने का जूनून होना चाहिए |

अभी के समय में चाहे आप पैसा कमाना चाहते हों या फिर कुछ नया सीखना चाहते हों, हर सुविधा आपको घर बैठे मिल सकती है बस आपमें उसे हासिल करने के लिए कड़ी मेहनत करने की हिम्मत, आत्मविश्वास और जूनून होना चाहिए फिर आपको सफल होने से कोई भी नहीं रोक सकता क्योंकि दुनिया में सफल सिर्फ वही व्यक्ति हुआ है जो अपने समय की कद्र करते हुए सही उपयोग करके जिम्मेदारी लिया है |

दुनिया में कुछ नया कर दिखाने में और कुछ बड़ा कर दिखाने में डिग्री मायने नहीं रखती बल्कि सिर्फ ज्ञान ही मायने रखती है क्योंकि आपको डिग्री के अनुसार सफलता नहीं मिलती बल्कि आपको अपने ज्ञान के अनुसार सफलता मिलती है |

आज के समय में लगभग लगभग हर घर में इंटरनेट का सुविधा उपलब्ध है जिसके द्वारा आप दुनिया की हर चीज सीख सकते हैं और सफल हो सकते हैं | आपको भी पता है कि इंटरनेट हमें वही चीजें बताती है जो हम इंटरनेट से पूछते हैं या सर्च करते हैं लेकिन सवाल यह आता है कि आप हँसी मजाक या मनोरंजन की चीजों को इंटरनेट पर देखते-सुनते हो या फिर कुछ नया सीखने की चीजें इंटरनेट पर देखते-सुनते हो ?

वर्तमान में स्कूल से लेकर कॉलेज तक के विद्यार्थियों को यह समझ नहीं आता कि उन्हें क्या करना चाहिए और क्या नहीं ? लेकिन सिर्फ दुसरे दोस्तों को देखकर वही चीजें करने लग जाते हैं जो उनका दोस्त करता है | ऐसी करते करते जब बहुत समय निकल जाता है तब जाकर पछतावा होता है कि काश हमे सही समय पर अगर सही मार्गदर्शन मिला होता तो हम भी आज खुश होते और अपने लाइफ में सफल होते |

यही सब समस्याओं को देखकर विद्यार्थियों को सही समय पर सही ज्ञान देने हेतु "सही कैरियर मार्गदर्शन" कोर्स बनाया गया है ताकि विद्यार्थीगण अपने सफल ज़िन्दगी की शुरुआत कर सके |

तो आइये... अब अपने माता-पिता का आशीर्वाद लेकर इस "सही कैरियर मार्गदर्शन" कोर्स की शुभारंभ करते हैं !

1

आदतों का ज्ञान

इस पुस्तक को पढ़ते समय ऐसा अनुभव करें कि आपके सामने कोई शिक्षक है जो आपसे सवाल पूछ रहा है और सीखा रहा है |

क्या आप प्रतिदिन सुबह उठने के बाद ब्रश करते हैं ? हाँ या नहीं ?

और यदि हाँ है तो बताइए कि आप प्रतिदिन ब्रश क्यों करते हैं ?

आपसे ही पूछ रहा हूँ जवाब दीजिये... उसके बाद ही आगे पढ़ना प्रारंभ करना !

आप सफल होना चाहते हैं कि नहीं ?

तो ठीक इसीप्रकार सफल होने के लिए भी सबसे पहले बुरी आदतों की सफाई करनी पड़ेगी | तो क्या आप तैयार हैं अपनी बुरी आदतों को छोड़ने के लिए ? क्या आपको पता है कि आपमें कौन-कौन सी बुरी आदतें हैं ? तो बताइए...

अगर आपको नहीं पता कि कौन सी आदतें आपको नुकसान पहुँचा रही है तो आपको घबराने की जरूरत नहीं है क्योंकि यह कोर्स इसलिए बनाया गया है ताकि आपको सही मार्गदर्शन मिल सके और आप सफल ज़िन्दगी की शुरुआत कर सकें, लेकिन हम आपको सही मार्गदर्शन तभी दे पाएंगे जब आपके अंदर कुछ प्यास होगी, कुछ भूख होगी, कुछ नया सीखने की और कुछ नया करने की | इसलिए शांत वातावरण में बैठ कर खुले दिमाग से बिना किसी भी चीज की तरफ ध्यान भटकाए ईमानदारी से सवालों का जवाब देते जाएँ और उदाहरण द्वारा अच्छे से समझते हुए अभ्यास करते जाएँ |

आपको पता है कि आपमें क्या क्या कमियां है और कौन सी आदतें आपको नुकसान पहुँचा रही है ? आराम से सोंचते जाओगे तो जवाब भी मिलता जाएगा | सही कैरियर मार्गदर्शन आपको चाहिए इसलिए आप यह पुस्तक पढ़ रहे हैं, इसलिए सवालों का जवाब आपको ही देना पड़ेगा और अभ्यास भी करना पड़ेगा, क्योंकि रास्ता उनकों दिखाया जाता है जो उस रास्तें पर चलने को तैयार रहते हैं | मैं तैयार हूँ... और आप ?

तो सुनिए..... अकबर-बीरबल नाम सुने हो न, उन्हीं की कहानी है |

एक बार अकबर के राज दरबार में 56 भोग लगे थे | कितने भोग ?

अकबर ने जब आदेश दिया कि सभी लोग भोजन करना शुरू करो,

तब सभी ने खाना खाना शुरू कर दिया लेकिन तभी बीरबल बोला कि मै नहीं खाउंगा | क्या बोला ?

तब अकबर बोले कि क्यों नहीं खाओगे ?

तब बीरबल बोला कि काश वो होती तो खा लेता | क्या बोला ?

तब अकबर गुस्से में बोले कि कौन होती तो ?

तब फिर बीरबल बोले कि काश भूख होती तो |

क्या बोले ? काश भूख होती तो |

तो इसका मतलब यह हुआ कि बिना भूख के 56 भोग भी बेकार है लेकिन जब भूख होगी तब 56 भोग की जगह 1 भोग ही काफी है चाहे वह 3 दिन की सुखी रोटी ही क्यों न हो |

इसीप्रकार आपमें भूख चाहिए कि मुझे मेरी बुरी आदतों को मिटाना होगा, गलत आदतों को हटाना होगा, क्योंकि किसी भी जमीन पर बिल्डिंग बनाने से पहले उस जमीन की सफाई की जाती है | इसलिए जब तक आप अपने बुरी आदतों-गलत आदतों की सफाई नहीं करोगे तब तक आप सफल नहीं हो सकते |

आप इस गलतफ़हमी में मत रहना कि एक-दो बुरी आदत रहने से क्या फर्क पड़ता है, क्योंकि तालाब में एक भी गंदी मछली होगी तो वह पूरे तालाब को गंदा कर देगी |

अच्छा ये बताओ... समुद्र में एक जहाज है जिसकी कुछ भाग समुद्र के अंदर डूबी हुई है और अचानक छोटी-छोटी बूंदों की बारिश होने लगती है तो बताओ बारिश अगर बहुत ज्यादा होगी तो जहाज पहले से ज्यादा डूब जाएगा क्या ? नहीं ना | और इसीतरह अचानक अगर जहाज में छोटी सी छेद हो जाए तो बताओ बहुत देर के बाद जहाज पूरी तरह से समुद्र में डूब जाएगा कि नहीं ? डूब जाएगा क्योंकि जहाज में कितनी भी काबिलियत क्यों न हो एक छोटी सी छेद जहाज को समुद्र में डूबाने की क्षमता रखती है और शुरुआत में पता नहीं चलता लेकिन धीरे-धीरे डूबता जाता है |

हमारी आदतें ही हमारा भविष्य तय करती है ठीक उसीप्रकार जिसप्रकार एक-एक दिन मिलकर सप्ताह बनता है, सप्ताह मिलकर महिना बनता है और महिना मिलकर क्या बनता है ? महिना मिलकर साल बनता है | जब एक-एक दिन मिलकर साल बनाती है इसीप्रकार प्रतिदिन की हमारी एक-एक आदत, हमारा भविष्य बनाती है कहने का मतलब है कि हमारी आदतें ही हमारा भविष्य बना सकती है और बिगाड़ सकती है | अगर हमारी आदतें सफल भविष्य का निर्माण नहीं कर सकती तो हम अमीर और कामयाब नहीं हो सकते लेकिन अगर हमारी आदतें सफल भविष्य का निर्माण कर सकती है तो फिर धरती की कोई ऐसी ताकत नहीं जो अमीर और कामयाब होने से रोक सके |

अगर सफल होना चाहते हो और दोस्तों के साथ मिलकर गप्पे लड़ाते हो, फालतू समय बर्बाद करते हो, हर दिन का अपना अमूल्य समय टीवी देखने में लगाते हो, दुसरो की आलोचना निंदा करते हो, बुराई करते हो, जरूरत से ज्यादा सोते हो और नकारात्मक सोंच

रखते हो तो आप जिंदगी में कभी भी सफल नहीं हो सकते |

अच्छा बताओ... सारे दिन अगर प्याज खाओगे तो डकार क्या इलाइची की आएगी ?

क्योंकि जैसी होगी संगत, वैसी होगी रंगत |

सफल लोगों की सुबह से लेकर रात तक की दिनचर्या खुद को बदलने में होती है, हर दिन कुछ नया सीखने में होती है, हर दिन अपने आप को अपने पिछले दिन से बेहतर बनाने में होती है | इसका मतलब है सारे कामयाब लोगों की आदतें ही कामयाब है |

अगर अमीर और कामयाब बनना चाहते हो तो आदतें भी अमीरों की होनी चाहिए कि वो कितना खाते हैं, कितना सोते हैं, क्या काम करते हैं, किनके साथ समय बिताते हैं?

अमीर और कामयाब लोगों की एक-एक चाल, एक-एक आदतें सफल है इसलिए सिर्फ अपनी आदतें सफल बनालो सफलता अपने आप मिल जाएगी क्योंकि वहाँ स्विच दबाएंगे जहाँ से काम होता है |

अगर मैं आपको बोलूँ कि आपको अपने बेडरूम के कमरे के बल्ब को जलाना है तो बल्ब में जाकर लटकोगे क्या ? नहीं ना, क्योंकि वहाँ मेहनत करोगे जहाँ से बल्ब जल सकता है इसलिए बल्ब में नहीं लटकोगे, बल्कि स्विच दबाओगे |

गलत आदतें अपनाओगे तो रिजल्ट भी गलत आएगा | एक उदाहरण से समझते हैं |

शेर को लाठी मारो और कुत्ते को लाठी मारो, दोनों में रिजल्ट अलग-अलग आएगा | कुत्ते को लाठी मारोगे तो कुत्ता लाठी को पकड़ेगा क्योंकि विश्व के हर कुत्ते को ऐसा लगता है कि लाठी मार रही है इसलिए वह लाठी को पकड़ता है और अगर शेर को लाठी मारोगे तो शेर लाठी की तरफ देखेगा भी नहीं क्योंकि विश्व के हर शेर को पता है कि लाठी नहीं मारता बल्कि जो लाठी पकड़ा रहता है वो मारता है इसलिए शेर वही समाप्त कर देता है जहाँ से कार्यक्रम हो रहा होता है |

ठीक इसीप्रकार ही गलत और सही आदतों में भी फर्क होती है क्योंकि इनका रिजल्ट भी अलग-अलग होता है | इसलिए आपको भी गलत आदतों को छोड़ना होगा ताकि रिजल्ट सफल हो सके और आप कामयाब हो सके क्योंकि हमारी आदतें ही हमारे भविष्य का निर्माण करती है |

अब आप जो भी बुरी आदतें छोड़ना चाहते हैं और जो भी सफल आदतें अपनाना चाहते हैं, उसको नीचे के अभ्यास बॉक्स में ईमानदारी से सही सही लिखना और उनकी समय सीमा निर्धारित करके तारीख भी लिखना लेकिन तारीख ही देना, तारीख पे तारीख, तारीख पे तारीख मत देना |

ऐसा नहीं कि आज नहीं हो पाया तो कल करूँगा बोले और जब कल आया तो वह और दुसरे कल में बदल गया और फिर तीसरा कल आया तो चौथे में और चौथा कल पांचवे में लेकिन पता ही नहीं चला की कल कब आएगा इसलिए दृण निश्चय से ठान के चलना और अमल करना लेकिन तारीख पे तारीख मत देना क्योंकि अच्छी आदतें डालनी पड़ती है और बुरी आदतें अपने आप डल जाती है |

ठीक उसीप्रकार जिसप्रकार से एक पत्थर को आसमान की तरफ ऊपर फेंकने के लिए मेहनत किया जाता है लेकिन उसे वापस लाने के लिए कोई भी मेहनत नहीं किया जाता क्योंकि पृथ्वी पर इसकी आटोमेटिक व्यवस्था है | ऐसे ही पढ़ाई-लिखाई सीखने के लिए स्कूल जाना पड़ता है लेकिन पढ़ाई-लिखाई नहीं सीखना है तो कहीं भी जाने की जरूरत नहीं है क्योंकि इसकी भी आटोमेटिक व्यवस्था है |

अगले अध्याय में हम समय का ज्ञान सीखेंगे लेकिन उससे पहले ईमानदारी से इस अध्याय का अभ्यास जरुर पूरा करना क्योंकि सिर्फ पढ़ने से कोई फायदा नहीं होगा जब तक आप अभ्यास नहीं करेंगे |

अभ्यास 1

सामान्य जीवन में आपका बर्ताव या व्यवहार किसप्रकार होता है, सही चिन्ह लगाएँ -

दोष लगाने वाला ( ) उत्तेजित या उत्साहित ( ) खुश या प्रसन्न ( )

गुस्सेवाला या क्रोधित ( ) सराहना करने वाला ( ) अभिमानी या घमंडी ( )

साहसी या युद्धरत ( ) अधिकार जताने वाला ( ) भलाई करने वाला ( )

कटु या कड़वाहट से भरा ( ) उबाऊ या बोरिंग ( ) हिम्मत वाला ( )

नाजुक या बच्चों जैसा ( ) कठोर या कड़ा व्यवहार ( ) शांत या कोमल व्यवहार ( )

हँसमुख ( ) चिड़चिड़ापन ( ) दया भाव वाला ( ) बेकरार ( )

आत्मविश्वास से भरा ( ) सांत्वना देने वाला ( ) तिरस्कार या बहिष्कारपूर्ण ( )

परंपरागत ( ) निंदा करने वाला ( ) निराश या असंतुष्ट या उदास ( )

कल्पना में खोया हुआ ( ) शक्तिशाली ( ) काल्पनिक या अवास्तविक ( )

निष्कपट या कपटरहित ( ) अनुकूल या फ्रेंडली ( ) घृणास्पद या ईर्ष्यालु ( )

आशावान या आशावादी ( ) हानिकारक ( ) भड़काऊ ( ) बदतमीज ( )

प्यार जताने वाला ( ) दुर्भावनापूर्ण ( ) उद्देश्यवादी या लक्ष्यवान ( ) लालची ( )

संरक्षक या सुरक्षा करने वाला ( ) निराशावादी ( ) दिखावा करने वाला ( )

गर्व महसूस करने वाला ( ) झगड़ालू ( ) चिंतनशील ( ) श्रद्धालु ( )

ताना मारने वाल ( ) सकारात्मक सोचने वाला ( ) नकारात्मक सोचने वाला ( )

समय का दुरुपयोग करने वाला ( ) समय का सदुपयोग करने वाला ( )

मतलबी या सेल्फिश ( ) आदर करने वाला ( ) जिम्मेदार या उत्तरदायी ( )

झूठ बोलने वाला ( ) अभद्र व्यवहार करने वाला ( ) कामचोर ( )

आलस करने वाला ( ) धोखा देने वाला ( ) बदला लेने वाला ( ) अनुशासित ( )

अभ्यास 2

अपनी बुरी आदतों का नाम लिखें -

....

....

....

....

....

....

अपनी बुरी आदतों का परिणाम लिखें -

....

....

....

....

....

....

अपनी नई सफल आदतों का नाम लिखें -

....

....

....

....

....

अपनी नई सफल आदतों का परिणाम लिखें -

....

....

....

....

....

आप स्वयं ऊपर क्या बदलाव लाना चाहते हैं अपना विचार लिखें -

....

....

....

....

....

2

समय का ज्ञान

निम्न में से सबसे पहले क्या जरुरी है –

? सही काम करना |

? काम को सही ढंग से करना |

हालाँकि जरुरी दोनों होता है लेकिन सबसे पहले क्या जरुरी होता है ?

एक उदाहरण द्वारा अच्छे से समझने का प्रयास करते हैं...

मान लेते हैं कि आप एक जगह पर चारों दीवारों के बीच खड़े हैं और आपके सामने की दिशा पूर्व और पीछे की दिशा पश्चिम है | बताओ आपके सामने की दिशा क्या है ? और आपके पीछे की दिशा क्या है ? मतलब आपका ध्यान भटका नहीं है, वेरी गुड |

आपके सामने की दीवार पर एक वस्तु है और वस्तु के सामने की दीवार पर सीढ़ी है तो बताओ सीढ़ी किस दिशा में है ? वस्तु पूर्व में और सीढ़ी पश्चिम में है ना | लेकिन जिस वस्तु को आप पाना चाहते हो वह आपके ऊँचाई से ऊपर में है तो बताओ अब आप सही काम करोगे कि काम को सही ढंग से करोगे ? बताओ |

अगर आप सीढ़ी में चढ़ोगे तो यह सही काम नहीं है क्योंकि सीढ़ी पश्चिम दिशा में है, तो यह काम को सही ढंग से करना हो गया क्योंकि वस्तु आपके ऊँचाई से ऊपर में है जिसे पाने के लिए सीढ़ी का उपयोग करना चाहिए लेकिन कितनी भी मेहनत कर लो वस्तु को नहीं पा सकते क्योंकि सीढ़ी वहाँ नहीं है जहाँ उसे होना चाहिए | मतलब आपको सबसे पहले सही काम करना चाहिए सीढ़ी को वहाँ रखना चाहिए जहाँ उसे होना चाहिए और फिर उसके बाद काम को सही ढंग से करना चाहिए सीढ़ी की मदद से वस्तु को पाने की कोशिश करना चाहिए | इसलिए सबसे पहले जरूरी है सही काम करना फिर उसके बाद जरुरी है काम को सही ढंग से करना |

इसीप्रकार समय का सदुपयोग करना सीखने के लिए सबसे पहले जरूरी है यह जानना कि आप अपने समय का उपयोग सही कामों को करने में लगा रहे हो या नहीं ?

हम इस अभ्यास को ट्रॉफिक लाइट की तरह हरा, नीला और लाल रंग का उपयोग करके करते हैं ताकि समझने में आसानी हो, जिसमें लाल रंग का मतलब खतरा और नीले व हरे रंग का मतलब सुरक्षित है |

हम प्रतिदिन के अपने समय को तीन रंगों में बाँटते है –

1. हरा = अति आवश्यक कार्य |

2. नीला = आवश्यक कार्य |

3. लाल = न ही अति आवश्यक और न ही आवश्यक कार्य |

<u>1. हरा - अति आवश्यक कार्य</u> = इसके अंतर्गत वो सभी कार्य आएँगे जो बहुत ही आवश्यक होता है | जैसे – आपातकालीन कार्य, परीक्षा, बिल भुगतान इत्यादि जिसको उस तिथि पर करना अनिवार्य होता है जिसे नहीं करने पर आपको कोई नुकसान हो सकता है |

<u>2. नीला - आवश्यक कार्य</u> =इसके अंतर्गत वो सभी कार्य आएँगे जो बहुत ही आवश्यक नहीं होता है लेकिन वो महत्वपूर्ण होता है, आवश्यक होता है | जैसे – व्यायाम करना, कोई नया ज्ञान लेना, विडियो द्वारा पढ़ाई करना, पढ़ाई-लिखाई करना, कॉपी बनाना, अच्छी आदत अपनाना, नया खेल सीखना इत्यादि जो भविष्य के लिए बहुत ही जरुरी होता है जिसे वर्तमान में करना आवश्यक होता है |

<u>3. लाल – न ही अति आवश्यक और न ही आवश्यक कार्य</u> = इसके अंतर्गत वो सभी कार्य आएँगे जो न तो बहुत ही आवश्यक होता है और न ही महत्वपूर्ण होता है, जो न ही जरूरी होता है | जैसे – जबरदस्ती आराम करना, फिजूल का घूमना-फिरना, जबरदस्ती अत्यधिक सोना, बिना मतलब का बातचीत करना, बिना मतलब का ज्यादा टीवी देखना, बिना मतलब का ज्यादा मोबाइल चलाना, अधिक खेल खेलना इत्यादि जिसे आप या तो फ्री समय पर करते हैं या फिर फ्री समय नहीं होने पर भी जबरदस्ती करते रहते हैं, जिसकी आदत हो गई है |

निम्न पांच बातें हमेशा याद रखें -

1. अपने सभी कार्यों को उनकी प्राथमिकता के अनुसार ही करें ताकि अति आवश्यक और आवश्यक, जरूरी कार्यों के लिए आपके पास अधिक समय बचे |

2. जो कार्य अति आवश्यक और जरूरी न हों उसमें अपना समय बर्बाद न करें |

3. अगर कोई जरूरी कार्य है जो कठिन लग रहा है तो कठिन कार्य को सबसे पहले करें क्योंकि शुरुआत में हमारी ऊर्जा बहुत अधिक होती है, लेकिन बहुत सारा कार्य करते करते बाद में हमारी ऊर्जा कम होती जाती है |

4. जो काम बहुत जरूरी हो, चाहे महत्वपूर्ण हो लेकिन जिस काम को आपके जगह कोई दूसरा व्यक्ति कर सकता है तो उस काम को दूसरों को सौंप दें |

5. ध्यान को भटकाना नहीं है बल्कि अपने आवश्यक और जरूरी काम पर ध्यान लटकाना है क्योंकि अगर नजर हटी तो दुर्घटना घटी समझो |

अभ्यास

आप जो भी कार्य करते हैं उसको उसकी वर्ग के हिसाब से लिखते जाये और अंत में खुद ही देखें कि आप अपना समय कहाँ व्यतीत करते हैं |

हरा

अति आवश्यक कार्य

....

....

....

....

अति आवश्यक कार्यों का समय

....

....

....

....

कुल कार्यों की संख्या

....

....

कुल कार्यों का समय

....

....

नीला

आवश्यक कार्य

....

....

....

....

आवश्यक कार्यों का समय

....

....

....

....

कुल कार्यों की संख्या

....

....

कुल कार्यों का समय

....

....

__लाल__

न ही अति आवश्यक और न ही आवश्यक कार्य

....

....

....

न ही अति आवश्यक और न ही आवश्यक कार्य वाले कार्यों का समय

....

....

....

कुल कार्यों की संख्या

....

कुल कार्यों का समय

....

....

कुल योग देखें और खुद ही जानें कि समय का सदुपयोग हो रहा है या दुरूपयोग ?

3
गुणों का ज्ञान

निम्न में से सभी के बारे में विस्तार से वाक्य प्रयोग करें जो कार्य आप कर चुके हो या जो सोच रहे हो या जो गुण आपके अंदर हो या जो गुण आप खुद में लाना चाहते हो -

A = Accountable उत्तरदायी, जिम्मेदार (कोई जिम्मेदारी वाला काम किए हो क्या?)

....

....

....

....

B = Belive विश्वास, भरोसा (जिस काम को आप भरोसे से पूर्ण किए हो)

....

....

....

....

C = Confidence साहस, आत्मविश्वास (जिस काम को करने में आपका आत्मविश्वास होता है)

....

....

....

....

D = Discipline अनुशासन, नियम बद्धता (जिस काम को आप अनुशासित होकर करते हैं)

....

....

....

....

E = Execution निष्पादन, संपादन (जिस काम का प्लान बनाए और उसे पूर्ण भी किए)

....

....

....

F = Fearless निडर, साहसी (जिस काम को करने में आप अब नहीं डरते है लेकिन पहले डरते थे)

....

....

....

G = Goal लक्ष्य, उद्देश्य (आपका क्या क्या सपना है, क्या क्या बनना चाहते हो क्या क्या पाना चाहते हो)

....

....

....

H = Humble नम्र, अभिमान रहित (आपके पास क्या है जिसका घमंड दिखा सकते हो लेकिन नहीं दिखाते)

....

....

....

I = Improvement उन्नति, सुधार (आपके पास क्या ज्ञान था या काम था जिसमें आपने अभी उन्नति किया है)

....

....

....

J = Joy ख़ुशी, आनंद (आपको क्या क्या करने से ख़ुशी मिलती है)

....

....

....

....

K = Knowledge ज्ञान, जानकारी (आपके अंदर क्या क्या ज्ञान है जो काम आपको आता हो जो आप जानते हो)

....

....

....

....

L = Learn सीखना (आप क्या क्या सीखना पसंद करते हो और क्या क्या सीखने की चाहत रखते हो)

....

....

....

....

M = Merciful दयालु, कृपालु (आपने क्या क्या दया कृपा का काम किया है)

....

....

....

....

N = Nimble फुर्तीला, चालाक (आप किस काम में चालाकी दिखाते हो या फुर्तीला रहते हो)

....

....

....

....

O = Optimist आशावादी, सकारात्मक (कुछ गलत होने पर भी क्या आप सकारात्मक सोच रखते हो यदि हाँ तो क्या हुआ था और क्या सोचे थे)

....

....

....

....

P = Possibility संभावना (आप किसी भी काम में समस्या देखते हो या समाधान, बॉक्स में विस्तार से लिखें)

....

....

....

....

Q = Quality गुण (आपके अंदर क्या क्या गुण है या क्या क्या अच्छी आदतें है)

....

....
....
....

R = Respectful आदरकारी, सम्मानपूर्ण (आपने क्या क्या सम्मानपूर्ण कार्य किया है जिस पर आपको गर्व है)

....
....
....

S = Satisfaction संतुष्टि (क्या करने से आपको संतुष्टि होती है या फिर दुसरा व्यक्ति आपके लिए क्या क्या करे कि आप उससे संतुष्ट रहें)

....
....
....

T = Talent हुनर, कला (आपके अंदर क्या क्या कला छुपा हुआ है जो आप अच्छे से आप करना जानते हैं)

....
....
....

U = Unusual असाधारण, अनोखा (क्या आपने कोई ऐसा आईडिया सोचा जो आज तक किसी ने नहीं सोचा)

....
....
....

V = Versed निपुण, दक्ष (आप किस काम के संपूर्ण ज्ञाता हो)

....
....
....

W = Wealth धन, संपत्ति (आप कितना पैसा कमाना चाहते हो और कितना पैसा हमेशा होना चाहिए आपके पास)

....
....
....

....

X = Xenium अतिथि को देने वाला उपहार (आपने आज तक किसको क्या उपहार दिए हो या देने वाले हो)

....

....

....

Y = Yare तीव्र (आप किस काम को सबसे पहले जल्दी से कर सकते हो)

....

....

....

Z = Zealot अति उत्साही (आप किस काम को करने के लिए हमेशा उत्साहित रहते हो जिसे हमेशा कर सको)

....

....

....

....

आपका उम्र कितना है? इतने उम्र में भी कुछ उदाहरण नहीं दे सकते तो जरा सोचो.. और फिर से लिखना शुरू करो जो जो आप नहीं लिखे हो |

4

लोगों का ज्ञान

सही मार्गदर्शन हेतु दुनिया में लोगों को हम दो भाग में चार प्रकार से बाँटते हैं –

<u>भाग – 1</u>
1. Out Going
2. Reserved
   भाग – 2
3. People Oriented
4. Task Oriented

<u>1. Out Going</u> = ये लोग हमेशा कहीं बाहर आना जाना व लोगों से मिलना जुलना पसंद करते हैं | ये लोग किसी को भी जल्दी से अपना दोस्त बना लेते हैं और उनसे अपनी बातें शेयर करते हैं |

   <u>2. Reserved</u> = ये लोग ज्यादातर घर में रहना पसंद करते हैं और कुछ खास लोगों से ही मिलना जुलना पसंद करते हैं | ये लोग अपने खास दोस्तों के साथ ही अपना समय बिताते हैं और उनसे ही अपनी बातें शेयर करते हैं |

   <u>3. People Oriented</u> = ये लोग दूसरों के बारे में ज्यादा सोचते विचारते रहते हैं कि उन्हें कुछ परेशानी तो नहीं है | ये लोग दूसरों की ज्यादा परवाह करते हैं और उनकी सहायता भी करते हैं |

<u>4. Task Oriented</u> = ये लोग काम की ज्यादा परवाह करते हैं कि काम अच्छे से हो रहा है या नहीं और काम की सही क्वालिटी है या नहीं | ये लोग काम को अच्छे क्वालिटी से और सही समय पर पूर्ण करने वाले होते हैं |

हालाँकि इनमें से सभी गुण एक ही मनुष्य में हो सकता है लेकिन हमें सिर्फ यह जानना है कि 'इनमें से कौन से गुण आपमें सबसे ज्यादा है' या फिर 'आप किस श्रेणी में आते हो' (न

कि आप किस श्रेणी में रहना पसंद करते हो) उसमें सही का चिन्ह लगाएँ |

Out Going ( ) People Oriented ( )
Reserved ( ) Task Oriented ( )

इस अभ्यास का निष्कर्ष सिर्फ यह निकलता है कि आप अपना कैरियर किस तरह के माहौल में अच्छे से बना सकते हो ताकि आपको पता चले कि आपका कार्यविधि अकेले रहने में है या लोगों के साथ रहने में है तथा लोगों कि परवाह करने में है या अपने काम की परवाह करने में है, क्योंकि अगर अकेले रहना पसंद करते हो तो ग्रुप के साथ काम नहीं कर पाओगे और लोगों की परवाह करते हो तो काम को अच्छे से नहीं कर पाओगे अगर किसी को कुछ परेशानी होगी तो काम छोड़कर चले जाओगे |

5

खूबियों का ज्ञान

अपने खूबियों को जानने के लिए अब हम एक अभ्यास करने वाले हैं ताकि हमें पता चल सके कि हममें कौन-कौन सा हुनर/कला है या होने वाला है, जिसमें आप अपना कैरियर बना सकते हैं और सफल हो सकते हैं |

<u>अभ्यास</u>

यह काम मुझे पसंद है और मैं इस काम को अच्छे से कर सकता हूँ या ज्ञाता हूँ | (जिस काम को करने का दिल करता हो)

....

....

....

....

....

....

....

....

यह काम मुझे पसंद है लेकिन मैं इस काम का ज्ञाता नहीं हूँ | (जिस काम को सीखने या करने का दिल करता हो)

....

....

....

....

....

....
....
....
....

यह काम मुझे पसंद नहीं है लेकिन यह काम करना मुझे आता है | (जिस काम को मज़बूरी में करना पड़ता है)

....
....
....
....
....
....
....
....
....

यह काम मुझे पसंद नहीं है और मुझे करना भी नहीं आता है | (जिस काम को आप करना ही नहीं चाहते)

....
....
....
....
....
....
....
....

निम्नलिखित बातों को ध्यान से समझकर अमल करने का प्रयास जरुर करें -

1. अगर आप अपना ज्यादातर समय उन कामों को करने में लगाते हैं जिन्हें आप पसंद नहीं करते, तो आप सफल नहीं हो सकते |

2. अगर आपको लगता है कि आपके पास अपने मनपसंद के कामों को करने के लिए ज्यादा समय नहीं है तो आप फालतू का घूमना-फिरना, फिजूल की बातें करना, फिजूल का काम करना, बिना मतलब का ज्यादा मोबाइल चलाना या टीवी देखना तथा ज्यादा सोना

अर्थात जिस काम को करना बहुत जरूरी नहीं है उसमें अपना समय देना बंद कर देंगे तभी आप अपने मनपसंद के काम के लिए ज्यादातर समय निकाल पाओगे और ज्यादा सीख पाओगे |

3. आपको उन लोगों की संगती करना होगा जो आपके तरह ही काम करना पसंद करते हैं अर्थात जो आपके लक्ष्य के लिए सहयोग करे सही ज्ञान दे ताकि लक्ष्य प्राप्त हो सके और उनसे आप हमेशा सीखते रहें और आगे बढ़ते रहें |

4. नाकाम लोग उन कार्मों को करने में अपना ज्यादातर समय लगाते हैं जिन कार्मों को करना उन्हें अच्छा नहीं लगता और अच्छे से करना भी नहीं जानते और जिस काम को करने से वे खुश भी नहीं होते हैं |

5. कामयाब लोग अपना ज्यादातर समय उन कार्मों को करने में लगाते हैं जिन कार्मों को करना उन्हें अच्छा लगता है और जिनमें वे अच्छे भी होते हैं और उस काम को करने से वे खुश भी होते हैं |

6. सलाह आपको उसी से लेना चाहिए जो उस काम या क्षेत्र की बखूबी जानकारी रखता हो और कहीं न कहीं सफल हो व जिंदगी में कुछ हासिल किया हो |

6

हुनर का ज्ञान

"हुनर तो हर इंसान में होता है
बस किसी का छुप जाता है
तो किसी का छप जाता है |"
"हुनर तेरे भी पास है बस उसको पहचानने की देरी है,
एक बार जो पहचान लिया फिर हर कामयाबी तेरी है |"

अगर आप अपने हुनर को अपना कैरियर बना लेते हो, तो फिर आपको आपका काम, काम नहीं बल्कि खेल लगता है और काम करने का मज़ा भी आता है | हमारे रुचि में से कुछ रूचि के कामों को हम सिर्फ खाली समय में टाइम पास करने के लिए करते हैं या फिर अपने आप को रिलैक्स करने के लिए करते हैं, वो सिर्फ एक रूचि है जिसे अपना कैरियर नहीं बना सकते लेकिन जिस काम को करने के लिए हमे जूनून होता है जिसके लिए हम सिरियस होते हैं जिसको करने के लिए कुछ कर गुजरने की उम्मीद होती है, जिससे हम थकावट महसूस नहीं करते हैं बल्कि उस काम को करने से ख़ुशी महसूस करते हैं और जिसे करते हुए समय का पता नहीं चलता घंटों तक उस काम को बिना बोर हुए कर सकते हैं और हर समय करने का दिल करता हो, वही है हमारा कैरियर जिससे हम लाइफ में सफल हो सकते हैं |

आइए एक उदाहारण से समझें –

Interest

(जिस काम को करने से आपको बहुत ही ख़ुशी होती हो जैसे Cricket, Talking, Cooking, Computer)

Passion

(Interest में से जिस काम को आप अपना कैरियर बनाना चाहते हो जैसे Talking, Computer)

Road Map

(Passion के काम के अंतर्गत आप क्या - क्या काम कर सकते हो जैसे Talking में HR, Trainer, Counsellor और Computer में Software Engg, Hardware Engg,

Teacher)

Duration

(Road map के काम को आप 8 घंटे से 12 घंटे तक लगातार बिना थके, बिना रुके, हर समय - हर दिन कर सकते हो, तबियत खराब होने पर भी जैसे Talking में Trainer और Computer में Teacher)

<u>अभ्यास</u>

Interest

(जिस काम को करने से आपको बहुत ही ख़ुशी होती हो)

....
....
....
....
....
....
....
....
....

Passion

(Interest में से जिस काम को आप अपना कैरियर बनाना चाहते हो)

....
....
....
....
....
....
....
....

Road Map

(Passion के काम के अंतर्गत आप क्या - क्या काम कर सकते हो)

....
....
....
....
....

....
....
....
....
....

Duration

(Road map के काम को आप 8 घंटे से 12 घंटे तक लगातार बिना थके, बिना रुके, हर समय - हर दिन कर सकते हो, तबियत खराब होने पर भी)

....
....
....
....
....
....
....
....
....

अब इस हुनर टेस्ट में जो जो चीज तक मौजूद रहा है सिर्फ उन्हीं को ही अपना कैरियर बनाने के लिए अंतिम टेस्ट करायेंगे |

7

कैरियर का ज्ञान

जिस भी हुनर/रूचि को आप उपर्युक्त टेस्ट में अपना कैरियर बनाना चाहते हैं जिसमें जो भी हुनर/रूचि अंत तक टिका होगा वही आपके लिए सही कैरियर साबित हो सकता है या फिर ऐसा कोई भी काम जिसे आप अपना कैरियर बनाना चाहते हैं उसे अपना कैरियर बना सकते हैं लेकिन कैरियर बनाने का मतलब सिर्फ उस काम को करना ही नहीं होता बल्कि उस काम से कमाई करना भी होता है ताकि आप अपना और अपने परिवार का पालन पोषण कर सकें और अपना भविष्य संवार सकें | इसलिए अब हम आपको एक उदाहरण से समझाने का प्रयास कर रहे हैं जिसमें हम अपने कैरियर के लिए 10 में से कुछ अंक देंगें और जो कैरियर सबसे ज्यादा अंक प्राप्त करेगा वही सबसे अच्छा कैरियर साबित हो सकता है लेकिन इस टेस्ट में जो सबसे ज्यादा अंक प्राप्त नहीं करेगा उसे भी आप अपना कैरियर बना सकते हैं क्योंकि इस टेस्ट में आप उन्हीं कामों को चुने हैं जिन्हें आप अपने हुनर टेस्ट में अंतिम तक प्राप्त किए हो |

इसप्रकार से यह टेस्ट करके यह जान सकते हैं कि कौन सा कैरियर आपके लिए सबसे ज्यादा अच्छा है लेकिन जरूरी नहीं है कि आप वही करें क्योंकि अगर आप किसी दुसरे को कैरियर बनाना चाहते हैं तो आप उसे भी बना सकते हैं बशर्ते वह इस टेस्ट में अच्छा अंक प्राप्त किया हो क्योंकि अगर आप ऐसा कैरियर चुन लेते हैं जो कोई भी टेस्ट में अच्छा नहीं रहा तो आप सफल नहीं हो सकते और आगे जाकर आप उस काम से परेशान हो जायेंगे इसलिए आप वही काम को अपना कैरियर बनाएं जिन्हें आप अभी तक टेस्ट में शामिल किये हो जो हुनर टेस्ट में अंतिम तक उपस्थित हो और जो कैरियर टेस्ट में अच्छा अंक प्राप्त किया हो, वही आपके लिए सही कैरियर है जिसे आप बिना थके जिंदगी भर कर सकते हो और जिससे ही आप सफल हो सकते हो |

इस कैरियर टेस्ट में आपको सभी विकल्प में कुल अंक 10 में से कुछ भी अंक देना है-
Career

(जो Career Test में से निकलकर आया हो जिसे आप अपना कैरियर बनाना चाहते हो

जैसे Talking में Trainer और Computer में Teacher)

Self Satisfaction

(आपके लिए यह काम कितना आत्म संतोषजनक है? जैसे Talking में Trainer का 8 और Computer में Teacher का 9)

Need of Market

(इस काम की बाजार में कितनी आवश्यकता है? जैसे Talking में Trainer का 9 और Computer में Teacher का 9)

Profitability

(किस काम में सबसे ज्यादा पैसा कमा सकते हो? जैसे Talking में Trainer का 7 और Computer में Teacher का 9)

Total

(SNP Test करने पर जिस काम का कुछ योग सबसे अधिक होगा वही आपके लिए सबसे अच्छा कैरियर है जैसे Talking में Trainer का 24 और Computer में Teacher का 27)

उदाहरण अनुसार इसमें सबसे ज्यादा अंक Computer में Teacher का है जो आपके लिए सबसे ज्यादा कैरियर आप्शन है जिसमें आप सबसे ज्यादा सफल हो सकते हैं लेकिन इस टेस्ट का यह मतलब नहीं है कि जो सबसे ज्यादा अंक न लाकर उससे कम अंक या सबसे कम अंक लाता है उसे आप अपना कैरियर नहीं बना सकते जबकि आप उसे भी अपना कैरियर बना सकते हैं लेकिन अब यह आपके ऊपर निर्भर करता है कि आप किसे अपना कैरियर चुनते हैं क्योंकि सिर्फ हमारी इच्छा का होना ही काफी नहीं होता क्योंकि घर कि आर्थिक स्थिति भी मायने रखती है और परिवार का सहयोग भी मायने रखता है| इसलिए खुद की सोंच समझदारी के साथ परिवार का सहयोग लेते हुए सुझाव लेते हुए कैरियर चुने लेकिन आप अपने परिवार वालों को इस टेस्ट के बारे में बता सकते हैं कि ऐसा ऐसा टेस्ट हुआ है जिसके बाद ही मेरे लिए सबसे बेस्ट कैरियर बताया जा रहा है| इतना बताने पर परिवार वाले भी आपकी इच्छा को देखेंगे और इस टेस्ट का महत्व भी समझेंगे |

अभ्यास

इस कैरियर टेस्ट में आपको सभी विकल्प में कुल अंक 10 में से कुछ भी अंक देना है-

Career

(जो Career Test में से निकलकर आया हो जिसे आप अपना कैरियर बनाना चाहते हो)

....

....

....

....

....
....
....
....
....

Self Satisfaction
(आपके लिए यह काम कितना आत्म संतोषजनक है?)

....
....
....
....
....
....
....
....
....

Need of Market
(इस काम की बाजार में कितनी आवश्यकता है?)

....
....
....
....
....
....
....
....

Profitability
(किस काम में सबसे ज्यादा पैसा कमा सकते हो?)

....
....
....
....
....

....

....

....

....

Total

(SNP Test करने पर जिस काम का कुछ योग सबसे अधिक होगा वही आपके लिए सबसे अच्छा कैरियर है)

....

....

....

....

....

....

....

....

....

....

8

लक्ष्य का ज्ञान

आपका कैरियर किस क्षेत्र में है अब तक आपको पता चल गया है लेकिन अब उसके लिए सपना देखना पड़ेगा और अपने सपने को पूरा करना भी पड़ेगा | अगर आप चाँद चाहोगे तो बुरे से बुरा यही हो सकता है कि आपको चाँद न मिले | इससे बुरा और कुछ थोड़ी हो सकता है लेकिन इससे बुरे होने के बाद भी जो मिनिमम अच्छा होगा, पता है वो क्या होगा ? चाँद नहीं मिला तो भी तारों में कहीं अटकोगे | लेकिन अब जो चाँद सोचें ही नहीं है वो कुछ भी नहीं करेंगे लेकिन चाहा अगर चाँद होगा तो तारे मिनिमम मिलेंगे | अगर सपने पूरे करने के लिए सपने देखे होंगे, सपनों के लिए प्रयास किया होगा, सपनों के लिए ज़िंदगी झोंकी होगी, तो पहले से कुछ बेहतर ही तो होगा | इस दुनिया में सपने उनके पूरे होते हैं जो पहले सपने देखतें हैं फिर उन सपनों के लिए अपना सर्वश्व न्यौछावर करते हुए उन सपनों के लिए कठोर परिश्रम करके अपना पूरी ज़िंदगी अपने सपनों के पीछे लगा देते हैं, तब ही ऐसे लोगों के सपने पूरे होते हैं |

क्या आप भी उन लोगों में से एक हैं ? क्या आपके भी सपने हैं ? क्या ऐसा सपना है जो अंदर से चिंगारी पैदा करती है ? अगर अंदर से अपने सपने के लिए चिंगारी पैदा होती है तो वो सपने जरुर पूरे होंगे, क्योंकि भविष्य, वर्तमान की आहुति देकर ख़रीदा जाता है | ये जवाब है उन करोड़ो लोगों के लिए जो बोलते हैं सपने देखने से क्या होता है ? सपने देखने मात्र से पूरे हो जाते हैं क्या ? उन कलमुहों को हम ये कहना चाहते हैं – कि सिद्धांत क्या है सपने पूरे करने का ? सपना पूरा कैसे होता है ?

उन्हीं लोगों की ज़िन्दगी में सपने पूरे होते हैं जो उन सपनों का भविष्य अपने पास लाने के लिए अपने वर्तमान की पूरी आहुति लगा देते हैं | अगर भविष्य में कोई परीक्षा है जिसमें आपको पास होना है तो तैयारी अभी वर्तमान में करोगे कि भविष्य में करोगे ?

भविष्य में जो पाना चाहते हो उसके लिए वर्तमान में क्या किये हो यही देखा जाता है | भिखारी भी जब सुबह भीख माँगने जाता है, तो 5 सिक्के बजाने के लिए खुद उसे चाहिए कि

नहीं चाहिए ? तो पहले वो सिक्का खुद डालता है तब जाकर और सिक्का मिलता है उसको | तो बताओ सपना क्या है ? सपना वह है जो हुआ नहीं है, अभी दिखता भी नहीं है लेकिन एक दिन होगा, तो मतलब सपना, भविष्य का एक सौदा है जिसे हमे पूरा करना है, जिसे हमें हासिल करना है |

दुनिया के हर सपने को पूरा करने का एक सिद्धांत है कि - वर्तमान की आहुति देनी होगी, बहुत सारी रातें जागनी होगी, ठंडी गर्मी बरसात हो, भूख हो, तकलीफ हो, बीमारी हो, गरीबी हो, अमीरी हो, कुछ भी हो, बच्चों की जिम्मेदारी हो, माता पिता की जिम्मेदारी हो, ज़िन्दगी में जो भी समस्या हो, वर्तमान की आहुति दिए बिना आपके सपने का भविष्य आपके नजदीक आएगा ही नहीं इसलिए वर्तमान की आहुति दो सपनों को हासिल करने के लिए और सफल होने के लिए तभी जिंदगी सँवर सकती है |

सपना मतलब भविष्य, सपना मतलब जो होगा, हुआ नहीं है क्योंकि इस दुनिया में जितने लोगों के सपने पूरे हुए हैं उन्होंने सपना पूरा होने से पहले, कोई सपना पूरा होने का अनुभव नहीं किया था | एक उदाहरण द्वारा अच्छे से समझने का प्रयास करते हैं –

बल्ब के बनने से पहले एडीसन को बल्ब बनाने का कोई अनुभव नहीं था, 10 हजार बार फ़ैल हो-होकर उस समय अपने वर्तमान की आहुति दी तब जाकर बल्ब बना | वैसे ही भविष्य के सपनों को पूरा करने के लिए वर्तमान की आहुति देनी होगी, कठिन परिश्रम करना होगा, सकारात्मक सोंच रखना होगा, अट्टीट्युड पॉजिटिव रखना होगा कि दुनिया भले ही इधर से उधर हो जाए लेकिन मैं अपने सपने से कभी पीछे मुड़ के नहीं देखूँगा, मैं अपनी पूरी ज़िन्दगी सपने के नाम करूँगा, अपने सपनों के लिए कठिन परिश्रम करूँगा, लोग चाहे जो भी बोले मैं अपने सपनों के लिए काम करना बंद नहीं करूँगा, ये आहुतियाँ देनी होती है तब जाकर सफलता मिलती है | अच्छा बताओ - क्या उस समय एडिसन को लोग नहीं बोलते होंगे कि बल्ब नहीं बनेगा, असंभव है, समय बर्बाद मत कर, हमने दुनिया देखें है बेटा, बाल यूँ ही सफेद नहीं हुए हैं, बात मान जा, ऐसा बोलते होंगे न लेकिन इन लोगों को उनकी औकात तब समझ आई जब बल्ब जला और एडिसन असफलता से सफलता की ओर आगे बढ़ा |

इंसान को उसकी औकात तब समझ आती है जब उससे नीचे रहने वाला इंसान उससे आगे निकल जाता है, ये बात सच है कि हमें अपनी तुलना किसी से नहीं करनी चाहिए लेकिन मेरा मानना है कि आज वो कितनी मेहनत कर रहा है जिसके कारण सफल है इसकी तुलना करो खुद से, क्योंकि अपने काम में जो जी-जान लगाकर मेहनत करता है उसे जीवन में आगे बढ़ने से कोई नहीं रोक सकता | पर याद रखो जोश में आकर सिर्फ 2 दिन मेहनत नहीं करना है क्योंकि कुछ हासिल करने के लिए जबरदस्ती का मेहनत नहीं बल्कि जबरदस्त मेहनत चाहिए |

एडिसन सिर्फ अपने मेहनत के दम पर ही बल्ब का आविष्कार नहीं किया बल्कि अपने सपने "बल्ब का आविष्कार" करके ही रहूँगा, इस दम पर बल्ब का आविष्कार किया, क्योंकि उसने अपने सपने में ही बल्ब बना लिया था फिर बाद में वास्तव में बना | आपके हिसाब से बताओ दुनिया की कोई भी चीज कम से कम कितनी बार बनाई जाती है ? ताजमहल को कितनी बार बनाया गया होगा ? मरम्मत की बात नहीं कर रहे हैं बल्कि कितनी बार बनाई जाती है इसकी बात कर रहे हैं, तो बताओ ?

दुनिया की कोई भी चीज सिर्फ एक बार में नहीं बनती, हर एक चीज कम से कम दो बार बनाई जाती है | हाँ, आपने सही समझा – दो बार | पहला दिमाग में या कॉपी में बनाया जाता है फिर उसके बाद ही उसे वास्तव में आवश्यक पदार्थों द्वारा बनाया जाता है | ताजमहल भी सबसे पहले शाहजहाँ के दिमाग में बना होगा कि ताजमहल ऐसा होना चाहिए फिर उसके बाद ही कारीगरों और मजदूरों के द्वारा बनाया गया | ठीक इसीप्रकार आप भी वही चीजें खरीदते हो जो पहले से सोचे हुए रहते हो, सही बोला न |

दुनिया की हर चीज वास्तविक रूप में आने से पहले काल्पनिक रूप में, सपनों के रूप में होती है | इसलिए सबसे पहले बड़े सपने देखना शुरू करो क्योंकि "आदमी ज़िंदगी में उतना ही बड़ा कर सकता है, जितना बड़ा सोच सकता है |" आदमी ज़िंदगी में उतना ही बड़ा कर सकता है, जितना बड़ा सोच सकता है |

शिक्षा विभाग का ही एक उदाहरण देता हूँ – प्राइवेट स्कूलों की संख्या तो अभी अभी ज्यादा बढ़ गई है लेकिन इससे पहले जब शासकीय स्कूल में फ्री में 12वीं तक की पढ़ाई होती थी उसी समय किसी ने बड़ा सोचा कि मैं प्राइवेट स्कूल खोलूँगा जो फ्री नहीं होगा | क्या उस समय लोगों ने उसे यह नहीं बोला होगा कि जब सरकारी स्कूल में फ्री में पढ़ाई होती है तो फिर तुम्हारे स्कूल में कौन आएगा, मत खोल ? लेकिन उसने बड़ा सोचा और बड़ा किया और अधिकतर लोग प्राइवेट स्कूल में ही पढ़ाई करते हैं | कहानी यहीं तक ख़तम नहीं होती क्योंकि इसके बाद फिर किसी ने बड़ा सोचना शुरू कर दिया | प्राइवेट स्कूल का महिना फीस लगभग कितना होता है ? कितने विषयों के लिए ? कितने घंटे के लिए ? (अभी भी शासकीय स्कूलों में फ्री में होता है) पहले 5-6 विषयों के लिए 5-6 घंटों के लिए फ्री में पढ़ाई होता था लेकिन अब इसी 5-6 विषयों के लिए 5-6 घंटों के लिए (लगभग मान लेते हैं) 200-300 रुपया महिना प्राइवेट स्कूल में लगता है लेकिन इसी में फिर एक शिक्षक ने बड़ा सोचा कि मैं 5-6 विषयों के लिए 5-6 घंटों के लिए 200-300 रुपया महिना नहीं बल्कि 5 विषय की जगह सिर्फ 1 विषय के लिए और 5 घंटे की जगह सिर्फ 1 घंटे के लिए (लगभग मान लेते हैं) 200-300 रुपया महिना लूँगा, और अभी के समय में अधिकतर लोग प्राइवेट स्कूल में पढ़ने के साथ साथ अलग से कोचिंग भी करते हैं | इसीप्रकार पहले 10 रूपये के रिचार्ज से

ही अधिकतर बात हो जाता था लेकिन अब बात करने के लिए कितने रुपयों रिचार्ज करना पड़ता है ये आपको पता ही है लेकिन 10 रूपये वाला विकल्प ही नहीं बचा है क्योंकि पहले सिम चालू रखने के लिए रिचार्ज नहीं करना पड़ता था लेकिन अब सिम चालू रखने के लिए अलग से रिचार्ज करना पड़ता है |

इसलिए बड़ा सोचना और बड़ा लक्ष्य बनाना शुरू कर दो लेकिन वो वास्तविक में संभव भी होना चाहिए, ऐसा नहीं की मैं अपना हाईट 100 फीट बढ़ाऊंगा, मनुष्य हो राक्षस नहीं, हाईट बढ़ा सकते हो लेकिन 100 फीट नहीं | कहने का मतलब है कि लक्ष्य बनाने का भी एक तरीका होता है और अगर आप अपना लक्ष्य सही तरीके से बनाओगे तभी सफलता मिल सकती है अन्यथा मेहनत करते करते थक जाओगे और कुछ भी हासिल नहीं होगा इसलिए सही तरीके से लक्ष्य बनाना चाहिए | जैसे कि – एक आदमी अपना लक्ष्य बनाता है कि मुझे नाम कमाना है | आपके हिसाब से बताओ क्या ये सही लक्ष्य है ? क्यों ? यह एक लक्ष्य तो है लेकिन सही लक्ष्य नहीं है क्योंकि अगर आपको कहीं भी घूमने जाना है और जगह निर्धारित नहीं है तो कहीं भी घूमते रहोगे, सही न, लेकिन अगर आपको कहाँ घूमने जाना है ये पता होगा तो क्या अब भी कहीं भी घूमते रहोगे ? नहीं न, ठीक इसीप्रकार से इस आदमी को भी अपना सही लक्ष्य बनाना चाहिए कि मुझे अपने परिवार में नाम कमाना है, कि मोहल्ले में, कि गाँव में, कि जिले में, कि राज्य में, कि देश में, जब पता होगा कि कहाँ नाम कमाना है तो मेहनत करने में आसानी होगी और जल्दी सफलता मिल सकती है |

एक आदमी बोलता है कि मुझे पैसा कमाना है, तो बताओ ये आदमी प्रतिदिन कितनी मेहनत करेगा ? और दूसरा आदमी बोलता है कि मुझे 1 महीने में 10 हजार रूपये कमाना है, तो अब बताओ ये आदमी प्रतिदिन कितनी मेहनत करेगा ? पहला आदमी ने भी लक्ष्य बनाया है और दूसरा आदमी ने भी लेकिन कभी ज़िन्दगी में पहला आदमी दुसरे आदमी से ज्यादा नहीं कमा सकता क्योंकि वो निर्धारित ही नहीं किया है कि उसे कितना कमाना है | (अब यह मत सोचना कि वह इससे ज्यादा कमा सकता है क्योंकि जिसको पता ही नहीं होता कि क्या करना है वह कुछ भी ज्यादा नहीं कर पाता) इसलिए लगभग मान लेते हैं कि वह कभी 100 रूपये कमाएगा तो कभी 200 रूपये और सोचेगा कि आज का तो हो गया चलो आराम करते हैं लेकिन यहीं पर दूसरा आदमी निर्धारित किया है कि 1 महीने में 10 हजार कमाना है तो उसे पता है कि प्रतिदिन कम से कम 333 रूपये कमाना अनिवार्य है, यह उसे पता है | इसलिए वह कभी भी 100-200 रूपये कमाने के बाद आराम नहीं करेगा, बस यही फर्क है लक्ष्य और सही लक्ष्य में |

"सही लक्ष्य वही होता है जिसमें क्लियर होता है कि क्या करना है, कितना करना है, कैसे करना है और कब तक करना है |" सही लक्ष्य बनाने वाले और सही तरीके से मेहनत करने वाले ही ज़िंदगी में सफल होते हैं | अब आप भी ज़िन्दगी में कभी भी और कुछ भी अपना

लक्ष्य बनाओगे तो सिर्फ लक्ष्य मत बनाना बल्कि सही लक्ष्य बनाना | अगर आप ज़िन्दगी में कुछ बड़ा करना चाहते हैं कुछ कर दिखाना चाहते हैं तो आपका लक्ष्य इतना भी आसान नहीं होना चाहिए कि आप आलसी हो जाएँ और इतना भी बड़ा नहीं होना चाहिए कि आप परेशान हो जाएँ कि इतनी मेहनत कर रहा हूँ फिर भी लक्ष्य हासिल नहीं हो पा रहा है और अगर कभी ऐसा हो तो अपने लक्ष्य को देखना और उसे हासिल करने के तरीके को देखना कि कहीं आप गलत तरीके से मेहनत तो नहीं कर रहे हैं | कहीं आप मछली को पेंड़ में चढ़ाने का प्रयास तो नहीं कर रहे है क्योंकि आप कितनी भी मेहनत कर लो लेकिन मछली को पेंड़ में नहीं चढ़ा सकते क्योंकि पेंड़ में बंदर चढ़ सकता है पर मछली नहीं | कहने का मतलब है कि अगर आपका लक्ष्य हासिल नहीं हो पा रहा है तो आपको अपने लक्ष्य को नहीं बदलना है बल्कि उसे हासिल करने के तरीके को बदलना है, क्योंकि "कोई भी लक्ष्य इंसान के प्रयासों से बड़ा नहीं है, हारा तो वो है जो इंसान कभी लड़ा नहीं है |"

"हालत कैसी भी हो बहादुर कभी रोया नहीं करते, सीने में जिनके कुछ कर दिखाने का जूनून हो, वो कभी हिम्मत खोया नहीं करते क्योंकि जिसके पास उम्मीद हो वह हारकर भी नहीं हारता, अथक प्रयास करता है और सफलता प्राप्त करके ही रहता है ||"

9

जिंदगी का ज्ञान

ज़िन्दगी में हर समय हर परिस्थिति में सकारात्मक विचार सोचते हुए अपना टाइम आएगा वाला अट्टीत्यूड रखना, अपना टाइम चल रहा है सोचना और कभी भी घबराना मत क्योंकि ख़ुशी ख़ुशी को खींचती है और दुःख दुःख को खींचती है | इसलिए हमेशा अपने चेहरे पर गजब की ख़ुशी व हँसी रखना ताकि सामने वाले को लगना चाहिए कि ये बहुत बदल गया है फालतू का समय बर्बाद नहीं करता, चाहे आप कुछ कर रहे हो या मत लेकिन सामने वाले को लगना चाहिए क्योंकि लगने मात्र से ही काम हो जाता है और फिर जैसा लगता है वैसा ही हो जाता है |

गणित के प्रश्न को हल करते समय कहते थे न कि इसका मान तो कुछ है ही नहीं, तो इसका मान बराबर X मान लेते हैं और अंत में X का मान आ जाता था, आता था कि नहीं ? ऐसी ही ज़िन्दगी है इसके बराबर ये और इसके बराबर ये फिर देखना अंत में जो मान रहे हो वो हो जायेगा, इसलिए सफल आदतें अभी अपनाये भी नहीं हो लेकिन अपनाना चाहते हो तो सिर्फ सफल आदतों का नाटक करो, आपमें कब सफल आदतें आ जाएगी आपको पता भी नहीं चलेगा और आप सफल हो जाओगे | पूरा परफेक्ट होने के चक्कर में मत रहना, आपके पास जो भी है और आप जहाँ भी हो वहीं से शुरुआत करना क्योंकि इस दुनिया में कोई भी आदमी परफेक्ट नहीं है, अगर मुझसे आप परफेक्ट हो तो कोई न कोई आपसे भी परफेक्ट होगा क्योंकि इस दुनिया में हर बाप का भी एक बाप होता है, लेकिन मुझसे भी कोई परफेक्ट है बोलकर हाथ पर हाथ पकड़े खाली नहीं बैठना है बल्कि हमेशा अपने आप को अपने पिछले दिनों से बेहतर बनाने में पुरे प्राणों से मेहनत करना और हमेशा सीखते रहना, आप कामयाब जरुर होंगे क्योंकि ज्ञान कभी भी व्यर्थ नहीं जाता है |

संगीत की दुनिया में शिक्षक बच्चे को पहली क्लास सिखाता है बेटा गले से गाना, नाँक से नहीं गाना | हिमेश रेशमिया तो मर जाता सुसाइड कर लेता अगर इस चक्कर में रह जाता कि गले से गाना है, नाँक से नहीं गाना है | दुनिया के सबसे ज्यादा हीट गाने देने वाले व्यक्तियों

में वह व्यक्ति है जो गले से नहीं नाँक से गाया | अगर यह इतिहास लिख दिया जाता कि गले से गाने वाले ही महान बनेंगे तो हिमेश रेशमिया का नाम नहीं ले रहा होता, इतिहास में कहीं भी नहीं लिखा है गरीब अमीर नहीं बन सकता, आप जो चाहते हो उसे नहीं पा सकते, ऐसा कहीं भी लिखा हुआ नहीं है | अंदर की आग जिसमें होगी किसी एक घटना की, किसी एक गतिविधि की जिसके लिए वह पुरे प्राणों से आखिरी साँस तक मेहनत करेगा, वो ही इस दुनिया में बापू बनेगा, वही असफलता से लड़कर सफलता हासिल करेगा |

हिमेश रेशमिया को भी लोगों ने बोला था नाँक से गाता है, कुछ नहीं कर पायेगा, लेकिन हिला दिया नाँक से गा कर – दिल कि... सुर्ख दीवारों पे... दीवारों पे... नाम है तेरा तेरा, नाम है तेरा तेरा, नाम है तेरा तेरा, नाम है ते रा – ते रा | उसका तो गाना ही नाँक से अच्छा लगता है | आप कल्पना करो कि जब पहला गाना गा रहा होगा तो पूरी दुनिया ने क्या कहा होगा – नहीं चलेगा, नहीं चलेगा नाँक से गाता है | ऐसे ही लोग आपको भी बोलते होंगे की कुछ नहीं कर पाओगे लेकिन आप भी सब कुछ कर सकते हो अगर ठान लोगे तब, इसलिए अपने उत्कृष्टता की खोज करो, सबसे पहले आदिमानव ने बनाया एक भाला, उसी भले का उत्कृष्टता करके बनाया धनुष बाण, ये बाण वही है जो भाला था लेकिन पहले भाले की लिमिटेशन थी और अब इसकी लिमिटेशन और ज्यादा है, भाले से बन गया बाण लेकिन बाण की भी लिमिटेशन थी तो अब बन गया बंदूक, भाले से बापू बाण, बाण से बापू बंदूक लेकिन अब बंदूक का बापू बन गया तोप, और फिर तोप की भी लिमिटेशन थी इसलिए तोप के बाद आई मिसाइल, जिस देश में जानी चाहिए उसका नाम बस लिख दे खाली, वहीं जाकर गिरेगा | उस समय बहुत से आदिमानव सोचते होंगे न कि मेरे से तो भाला फेका नहीं जा रहा, ये कभी भाले वाले ने सोचा था कि आने वाली पीढ़ियाँ उसका नाम बस लिखेंगे और वहाँ जाकर गिरेगी | ऐसा सोचा था कभी उस आदिमानव ने | नहीं न |

ऐसे ही मैं आपसे कह रहा हूँ कि आप भी अपने बारे में ऐसा नहीं सोंच पा रहे कि आपके अंदर कितनी ताकत है जो उत्कृष्ट हो सकती है | मैं आपकी ताकत का डेमो करा सकता हूँ | यहाँ 40 किलो रखूँगा तो आप बोलोगे कि मैं उठा लूँगा सर, फिर थोड़ा 10 किलो बढ़ाकर 50 किलो रखूँगा तो थोड़ी ताकत लगाओगे लेकिन उठा लोगे, और जब 50 किलो को बढ़ाकर 60 किलो रखूँगा तो बोलोगे कि एक आदमी और चाहिए सर, मैं बोलूँगा तुम ही उठाओ, तो नहीं उठा पाओगे बोलोगे लेकिन जब बोलूँगा की थोड़ा भी उठाओगे तो 1 लाख मिलेगा, तो आप उठा लोगे | अब मैं ये कह रहा हूँ कि आपमें ताकत तो पहले भी थी, थी की नहीं, थी न, लेकिन उठाने का कारण नहीं था, लेकिन अब अगर यहाँ 100 किलो रख दिया जाए, तो अब 1 लाख से भी पार नहीं परेगा और बोलोगे मुझे कुछ नहीं चाहिए, मैं हाथ तक नहीं लगाऊंगा, बोलोगे न, लेकिन जब यही 100 किलो आपके पाँव पर रख देंगे तब क्या करोगे ? तो अब बोलोगे कि फ्री में उठाऊंगा और हाथ क्या पूरी ताकत लगाओगे उठाने की लेकिन किसी के आने का

इंतजार नहीं करोगे, और अंततः जैसे तैसे करके खुद को बचा लोगे|

अपनी आत्मा की ऊर्जा को जब एक जगह केन्द्रित कर देते हैं और ठान लेते हैं कि मैं कर सकता हूँ और करके ही दिखाऊंगा तो आप सब कुछ कर सकते हो क्योंकि ऊर्जा तो एक बहाना चाहती है, एक कारण चाहती है, ऊर्जा अपनी अधिकतम सीमा तक तब जाती है जब उसका कारण उतना ही बड़ा होता है, वो भाले से मिसाइल बन सकती है और 40 किलो उठाने वाला 100 किलो उठा सकता है तो आप भी सब कुछ कर सकते हो बस बड़ा सोचना शुरू कर दो, क्योंकि "आदमी ज़िन्दगी में उतना ही बड़ा कर सकता है जितना बड़ा सोच सकता है", तो बड़ा करने के लिए हिम्मत चाहिए, यस और नो ? नो, बड़ा करने के लिए नहीं बड़ा सोचने के लिए हिम्मत चाहिए |

1 किलो के बाट से कितना वजन तौल सकते हैं ? बस यही भारत की समस्या है, एक से अनेक तौल सकते हैं | (फिर इधर रखा तो, फिर इधर रखा तो) सिर्फ एक कारण, एक चीज आपको उत्कृष्टता की ओर ले जाती है, बस अपनी जान लगा दो कुछ कर दिखाने के लिए, अपने बड़े सपने को पाने के लिए, क्योंकि जब शेर का शिकार करना हो और चिड़िया मारने का सामान ले जा रहे हो तो शेर का शिकार आप करोगे, कि आपका शिकार शेर करेगा ? तो जब आपको पता है कि आपका लक्ष्य कितना बड़ा है तो उसके लिए तैयारी भी उतनी ही बड़ी करनी होगी | जिस बच्चे ने सालभर पढ़ाई नहीं की है उससे कितना भी नंबर का परीक्षा लो, क्या उसका भाग्य पास कराएगा, लेकिन जिस बच्चे ने सालभर पढ़ाई की है तो क्या उसे पास होने के लिए भाग्य की जरूरत है, क्योंकि जब जब तैयारी को मौका मिलता है तब तब भाग्य का जन्म होता है | इसलिए भाग्य के भरोसे बैठे मत रहना क्योंकि भाग्य बनता नहीं है, बनाना पड़ता है और कैसे बनाओगे – मेहनत करके, तैयारी करके | कामयाबी का मिलना कोई इक्तेफाक नहीं होता क्योंकि बीज में से पेड़ तब निकलता है जब बीज अपने अंतिम बिंदु तक टूटता है | इसलिए पूरे प्राणों से जूनून के साथ अंतिम साँस तक और अंतिम प्रयास तक मेहनत करना ताकि सफलता से पहले आपको कुछ भी मंजूर न हो, सफलता चाहिए ही चाहिए, क्योंकि महत्वपूर्ण यह नहीं है कि आपने कितना किया ? बल्कि महत्वपूर्ण तो यह है कि आप कितना कर सकते थे ? आपको ज़िन्दगी में वो नहीं मिलता जो आपको चाहिए, आपको ज़िन्दगी में वो मिलता है जो आपको चाहिए ही चाहिए, क्योंकि जब आप समस्या पर ध्यान देंगे तो लक्ष्य छुट जाएगा और जब आप लक्ष्य पर ध्यान देंगे तो समस्या छुट जाएगा, तो अब से आपका ध्यान किसमें रहेगा समस्या पर या लक्ष्य पर ?

ज़िन्दगी में सबसे बड़ी समस्या क्या है पता है ? समस्या को समस्या समझना , समस्या को समस्या समझना ही सबसे बड़ा समस्या है क्योंकि ज़िन्दगी में हर एक काम कठिन होता है, आसान होने से पहले | सफलता की राह में असफलता का मिलना स्वभाविक है क्योंकि लहरों से डरकर नौका कभी पार नहीं होती और कोशिश करने वालों की कभी हार नहीं

होती | सफलता चलकर नहीं आती बल्कि हमें ही उस तक पहुँचना पड़ता है ठीक उसीप्रकार जिसप्रकार से भगवान ने हर पक्षी के लिए भोजन तो दिया है पर उसके घोसले में नहीं | जिसप्रकार हर पक्षी तब तक मेहनत करती है जब तक उसको भोजन न मिल जाए उसीप्रकार आप भी तब तक मेहनत करना जब तक आपको सफलता न मिल जाए |

"संघर्ष करते हुए घबराना मत क्योंकि संघर्ष के दौरान ही इंसान अकेला होता है, सफलता के बाद तो सारी दुनिया साथ होती है ||"
"ज़िन्दगी में हारता वो है जो शिकायत बार बार करता है, लेकिन जीतता वो है जो कोशिश हजार बार करता है || "
"न संघर्ष न तकलीफ तो क्या मज़ा है जीने में, बड़े-बड़े तूफान थम जाते हैं जब आग लगी हो सीने में ||"
अगर आपको हमारा यह पुस्तक पसंद आये तो दुसरो को भी इस पुस्तक के बारें में बताएं और हमें *Facebook, Instagram, Twitter, Youtube* पर *@vinaypaltandan* लिखकर फॉलो जरुर करें|
किसी भी प्रकार से अपना शिकायत या सुझाव आप हमें *vinaypaltandan@gmail.com* पर भेज सकते हैं|

- विनयपाल टण्डन

www.ingramcontent.com/pod-product-compliance
Lightning Source LLC
Chambersburg PA
CBHW072141150726
48002CB00004B/1569